Barney Ford

Empresario pionero

por Jamie Trumbull

Filter Press, LLC
Palmer Lake, Colorado

Barney Ford:
Pioneer Businessman

por Jamie Trumbull

Publicado por Filter Press, LLC, conjuntamente con las
Escuelas Públicas de Denver y Colorado Humanities

ISBN: 978-086541-115-9
LCCN: 2010937193

Producido con el apoyo de Colorado Humanities y la Fundación
Nacional para las Humanidades. Las opiniones, resultados,
conclusiones o recomendaciones expresadas en esta publicación,
no representan necesariamente las de la Fundación Nacional para
las Humanidades ni las de Colorado Humanities.

La fotografía de la portada es cortesía de History Colorado
(10031421).

Propiedad literaria © 2010 de las Escuelas Públicas de Denver y
Colorado Humanities. Derechos reservados.

Queda prohibida la reproducción o transmisión total o parcial,
bajo cualquier forma o medio, sin la autorización por escrito
del editor. Comuníquese con Filter Press, LLC, a través del
888.570.2663.

Impreso en los Estados Unidos de América

Serie Grandes vidas de la historia de Colorado

Para obtener información sobre los próximos títulos a publicarse, comuníquese con *info@FilterPressBooks.com*.

Helen Hunt Jackson por E. E. Duncan

Little Raven por Cat DeRose

Barney Ford por Jamie Trumbull

Doc Susie por Penny Cunningham

Enos Mills por Steve Walsh

William Bent por Cheryl Beckwith

Charles Boettcher por Grace Zirkelbach

Ralph Carr por E. E. Duncan

Josephine Aspinall Roche por Martha Biery

Robert Speer por Stacy Turnbull

Chief Ouray por Steve Walsh

Zebulon Pike por Steve Walsh

Clara Brown por Suzanne Frachetti

Contenidos

Niñez 1

Un hombre libre 3

Hombre de negocios 4

Líder afroamericano 10

Barney Ford en la actualidad 13

Preguntas en qué pensar 15

Glosario 16

Linea cronológica 18

Bibliografía 20

Índice .21

Sobre esta serie 22

Reconocimientos 24

Cortesía de History Colorado (10031421)

Barney Ford, empresario, en 1862. En Denver, Barney Ford era dueño de una barbería, un hotel y restaurantes. Era un emprendedor.

Niñez

Barney Ford fue un afroamericano que nació
en la esclavitud en el estado de Virginia el 22
de enero de 1822. Cuando cumplió 15 años
de edad, empezó a trabajar arduamente en
los campos de algodón de Carolina del Sur,
en donde se crió. Después de trabajar todo el
día, disfrutaba al pasar tiempo con su madre,
Phoebe. Su madre quería que él aprendiera
a leer y escribir. A pesar de que era ilegal
que los esclavos aprendieran a leer y escribir,
un esclavo de más edad, de otra plantación,
enseñó a Barney a leer y escribir. Tenía muchos
sueños para su futuro.

A los 17 años de edad, toda la vida de Barney
cambió al morir su madre. A partir de ese
momento, Barney se quedó solo. Después de
la muerte de su madre, un dueño de esclavos
de Georgia compró a Barney. Su dueño lo
envió a trabajar como cocinero en barcos de
vapor que viajaban por el Río Mississippi. A

Barney Ford 1

la edad de 26 años, cuando se encontraba en Quincy, Illinois, Barney Ford abandonó el barco de vapor y se escapó de la esclavitud usando el **Ferrocarril Subterráneo**. El Ferrocarril Subterráneo era un pasaje secreto de casas e iglesias seguras que los esclavos usaban para escapar de la esclavitud en el Sur. Los llevaba a lugares en donde podían ser libres. La esclavitud era ilegal en la parte norte de los Estados Unidos. La decisión de escapar era una resolución peligrosa, pero Barney era valiente. Quería ser libre.

Un hombre libre

Barney inició su nueva vida como hombre libre en Chicago, Illinois. En Chicago, Barney conoció a Julia Lyoni. Poco tiempo después, Julia y Barney se casaron. Cuando Barney nació, no se le asignó un apellido. Él pensaba que necesitaba un apellido apropiado. Julia ayudó a Barney a escoger un apellido. Un día vieron el nombre Lancelot Ford escrito en un costado de una lujosa **locomotora** de ferrocarril. A Barney le gustó como sonaba el nombre y lo comenzó a usar como apellido: Barney Lancelot Ford.

Hombre de negocios

Barney trabajó duro para alcanzar el éxito. La fiebre del oro había comenzado en California. Barney y Julia querían hacerse ricos buscando oro. En 1851, compraron boletos para viajar en un barco llamado *Prometheus* desde Nueva York hasta California. Pensaban que viajar al sur a través de los estados esclavistas, para abordar un barco, era muy arriesgado. El barco se detuvo en Greytown, Nicaragua, durante su ruta. Barney y Julia decidieron quedarse. La pareja se quedó en el pequeño pueblo de Greytown, en lugar de continuar hacia California. Abrieron un pequeño hotel y restaurante. Le pusieron el nombre de United States Hotel (Hotel Estados Unidos). Mucha gente que viajaba a lo largo de la costa de Centroamérica disfrutaba su estancia en el hotel. Barney y Julia se quedaron en Nicaragua durante tres años. La gente pensaba que en Nicaragua iba a comenzar una guerra. Para estar a salvo, Barney y su

esposa se fueron y regresaron a Chicago. Mientras estuvieron en Chicago, Barney trabajó para ayudar a los esclavos a escapar en el Ferrocarril Subterráneo.

Julia y Barney Ford todavía querían buscar oro para volverse ricos, así que se mudaron a Breckenridge, Colorado, a donde otros se habían mudado para buscar oro. ¡Barney encontró oro! Sin embargo, debido a que era afroamericano, no podía **reclamarlo**. El Territorio de Colorado tenía una ley que decía que las personas negras no podían ser dueños de minas ni ser arrendatarios de tierras del estado (**comodato y reclamo de propiedad** o "homestead"). Un amigo que era abogado le ofreció ayudarle a obtener sus ganancias. Barney confió en su amigo, pero su amigo abogado resultó no ser amigo. Engañó a Barney sobre su derecho sobre la mina. Sin embargo, Barney y Julia nunca se dieron por vencidos. Los Ford empacaron sus maletas nuevamente y se mudaron de Breckenridge a Denver.

Barney Ford 5

Barney tuvo mucho éxito en Denver. En 1862,
Barney abrió su primer negocio. El abrió una
peluquería. A los clientes les encantaba hablar
con Barney y el negocio creció. Un año después
de haber iniciado el negocio, un incendio
lo destruyó. Sin embargo, Barney y Julia no
se desanimaron. Debido a que Barney era
conocido como un buen hombre de negocios,
un banquero le prestó dinero para abrir un
negocio todavía más grande que comprendía
una peluquería, un restaurante y un **bar**. El
nombre del restaurante era People's Restaurant

Cortesía de DPL, Western History Collection, Z-8866

*Barney Ford construyó esta casa en Breckenridge a principios
de 1880. Barney y su esposa Julia vivieron en la casa con sus
tres hijos.*

6 *Barney Ford*

INTER-OCEAN HOTEL,
CHEYENNE, WYOMING.

B. L. FORD, - - - - - PROPRIETOR.

This House is new, with large and well ventilated rooms, all elegantly furnishe ctric Bells connecting all rooms with the office. All trains stop from thirty minutes r hours, and everybody takes meals at the Inter-Ocean. Free 'Bus to all trains.

Cortesía de DPL, Western History Collection, Z-8867

Barney fue dueño de un exitoso hotel en Denver, llamado Inter-Ocean Hotel. Construyó un segundo hotel con el mismo nombre en Cheyenne, Wyoming, en 1875. La leyenda en el anuncio publicitario dice, "Esta casa es nueva, con habitaciones espaciosas y ventiladas, todas elegantemente amuebladas. Hay campanas eléctricas que conectan todas las habitaciones con la oficina. Todos los trenes paran entre treinta minutos y cuatro horas y todos comen en el Inter-Ocean. Servicio de autobús gratis a todos los trenes."

(El Restaurante del Pueblo) y tuvo mucho éxito. Por fin, los sueños de Barney Ford se estaban haciendo realidad. Debido a su éxito, decidió abrir un hotel. Barney construyó el Inter-Ocean Hotel en la esquina de la Calle

Barney Ford 7

16 y la Calle Blake. Era el mejor hotel de Denver. Durante muchos años, Julia y Barney disfrutaron de una vida feliz en Denver.

El ferrocarril Union Pacific Railroad evitó pasar por Denver y, en su lugar, se decidió por Cheyenne como su estación final. La parada del ferrocarril hizo de Cheyenne la **nueva ciudad próspera** del Oeste. Barney construyó un segundo hotel in Cheyenne, también se llamó Inter-Ocean Hotel. El hotel de

Su casa en la actualidad. En Breckenridge, la casa de Barney y Julia es en la actualidad un museo abierto al público.

8 *Barney Ford*

Wyoming no tuvo éxito. En esa época Barney estaba endeudado.

Barney nunca se dio por vencido, ni siquiera cuando perdió su fortuna por mala suerte. Se mudó a California y abrió otros restaurantes.

En 1878, Barney regresó a Denver. Más tarde, en 1880, Barney y Julia se devolvieron a Breckenridge. Querían ampliar sus negocios. Una vez más, Barney abrió un restaurante. Ford's Chop House fue el nombre del restaurante. Tuvo mucho éxito. Construyó una hermosa casa para su familia. Julia y él tuvieron tres hijos: Louis Napoleón, Sarah Elizabeth y Frances. Pronto, los Ford fueron la familia más rica de Breckenridge. Sin embargo, la mala suerte golpeó una vez más a Barney y a su esposa. Su restaurante se quemó también. Después de un tiempo, lo reconstruyeron, pero nunca volvió a ser tan exitoso.

Líder afroamericano

Más adelante, Barney Ford y su familia volvieron a mudarse a Denver. Eran una de las familias más ricas del estado. Durante toda su vida, Barney habló abiertamente en favor de la igualdad de los derechos de los afroamericanos. Luchó porque los negros tuvieran el derecho a votar. Creía que los hombres negros debían tener el derecho al voto. Fue una fuerte voz para todos los **ciudadanos** negros. Su obra rindió frutos en 1876, cuando la constitución de Colorado otorgó a todos los ciudadanos varones el derecho al voto. Fue también el primer afroamericano en prestar servicio en un **gran jurado** de Colorado. En 1874, ganó la **nominación** del Partido Republicano para ocupar un puesto en la Cámara de Representantes del Territorio. A pesar de haber perdido la elección, fue el primer candidato afroamericano que participar en una elección para un puesto público en Colorado.

Barney Ford era autodidacta y un hombre bien educado. Él le enseñó a leer a otros, incluyendo a los esclavos liberados que

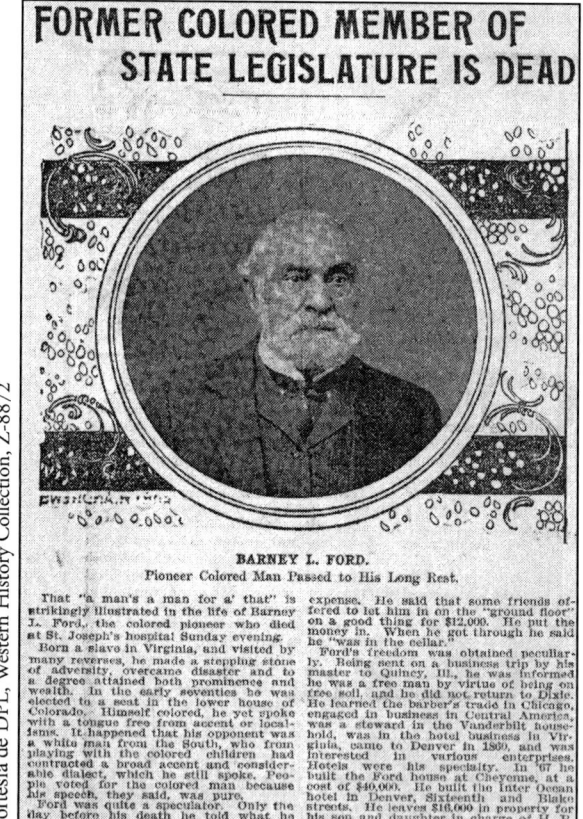

Cortesía de DPL, Western History Collection, Z-8872

Cuando Barney Ford falleció, esta historia se publicó en el periódico Rocky Mountains News el 17 de diciembre de 1902. A pesar de los titulares, Barney Ford no fue elegido para la legislatura estatal. Barney fue el primer afroamericano en postularse para un cargo público a nivel estatal en Colorado, pero perdió la elección.

Barney Ford 11

vinieron a Colorado después de la Guerra Civil. Barney ayudó a crear centros de aprendizaje donde eran bienvenidos todos aquellos que querían aprender.

Barney Ford murió en 1902 a los 80 años de edad. Es recordado por mucha gente en la actualidad. Fue sepultado en el Cementerio Riverside en Denver donde están sepultados muchos pioneros y forjadores **influyentes** de Denver y Colorado.

Barney Ford en la actualidad

Barney Ford fue un ciudadano respetado, un hombre de negocios y amigo de mucha gente. Tuvo muchos logros durante su vida. Muchos lo llamaban un líder natural. Su obra en Colorado no se olvidará. En la actualidad, el edificio Barney L. Ford todavía está en pie en la Calle Blake, en el centro de Denver. Es un edificio privado, así es que no está abierto al público. En el noroeste de Denver, tenemos una escuela primaria con el nombre de Barney Ford en honor a este personaje. La casa familiar de Ford en Breckenridge todavía está en pie, en 111 East Washington Street. Ahora es un museo. El Capitolio del Estado de Colorado tiene en exhibición un vitral con el retrato de Barney Ford. Los legisladores votaron en favor de colocar el vitral porque él fue un ciudadano extraordinario. Barney Lancelot Ford creó una vida estupenda para sí mismo. También

inspiró a otras personas del pasado y el presente de Colorado a nunca darse por vencidas y a perseguir sus sueños.

Preguntas en qué pensar

- ¿Cómo escapó Barney Ford de la esclavitud?

- ¿Qué hizo que Barney Ford viniera a Colorado?

- ¿Cómo superó Barney Ford los fracasos empresariales y eventualmente se transformó en un hombre rico?

Preguntas para los Jóvenes Chautauquans

- ¿Por qué se me recuerda (o debo ser recordado) a través de la historia?

- ¿A qué adversidades me enfrenté y cómo las superé?

- ¿Cuál es mi contexto histórico? (¿Qué más sucedía en la época en que yo vivía?)

Glosario

Bar: lugar donde los hombres se reunían para tomar bebidas alcohólicas como cerveza.

Ciudadanos: gente que reside en ciudades, pueblos, estados o países.

Comodato y reclamo de propiedad (homestead): trozo de tierra publica que le pertenece al gobierno estadounidense y que se le otorga a un colono o arrendatario que ha vivido y cultivado la tierra durante algunos años.

Ferrocarril Subterráneo: pasaje secreto de casas e iglesias seguras que los esclavos usaban para escapar de la esclavitud en el Sur.

Gran jurado: un grupo de entre 12 y 33 personas que trabajan juntas para decidir si un caso tiene suficientes pruebas como para llevarlo a juicio.

Influyente: Tener influencia. Las personas que tienen *influencia* son líderes.

Locomotora: un vehículo que empuja o remolca carga o pasajeros en carros de ferrocarril sobre vías ferroviarias.

Nominación: acto de ser elegido como candidato para un cargo público.

Nueva ciudad próspera: lugar que de repente crece en número de habitantes.

Peluquería: un lugar comercial en donde los peluqueros cortan el cabello y rasuran o recortan barbas.

Reclamar: pedir el derecho o el título de algo.

Linea Cronológica

1822
Barney Ford nació en Stafford Courthouse, Virginia.

1824
Barney Ford se mudó a Carolina del Sur.

1848
Barney Ford se escapó de la esclavitud.

1849
Barney Ford se casó con Julia Lyoni.

1851
Barney Ford y su esposa vivieron tres años en Nicaragua.

1860
Barney Ford se mudó a Breckenridge, Colorado, para buscar oro.

1862
Barney Ford se mudó de Breckenridge. Julia se unió a Barney en Denver, y Barney Ford y abrió su primera peluquería.

1863
Se quemó la primera peluquería de Ford en el centro de Denver.

1865
La Guerra Civil terminó.

1868
Barney Ford abrió un restaurante en Cheyenne, Wyoming.

1874
Barney Ford abrió el Hotel Inter-Ocean en Denver.

Linea Cronológica

1879
Los Ford se mudaron nuevamente a Breckenridge, Colorado.

1880
Ford se convirtió en el primer hombre de negocios negro en Breckenridge cuando abrió el Ford's Chop House.

1882
Barney Ford construyó una casa para su familia en Breckenridge.

1890
La familia Ford se jubiló en Denver.

1902
Barney Ford murió en Denver.

Barney Ford 19

Bibliografía

Beisser, Fred. *Find a Grave.* "Barney Launcelot Ford." http://www.findagrave.com/cgi-bin/ fg.cgi?page=gr&GRid=8821848: November 11, 2008.

Katz, William Loren. *The Black West: A Documentary and Pictorial History of the African American Role in the Westward Expansion of the United States.* New York: Touchstone, 1996.

Labode, Madupe. "Barney Ford's Legacy Still a Presence Today." http://denver.yourhub.com/ Littleton/Stories/News/Story

Parkhill, Forbes. *Mister Barney Ford: A Portrait in Bistre.* Denver: Sage Books, 1963.

National Park Service. *Aboard the Underground Railroad.* "Barney L. Ford Building." http:// www.nps.gov/nr/travel/underground/co1.htm: November 11, 2008.

Town of Breckenridge. *Heritage and History.* "Barney Ford House Museum." http://www. townofbreckenridge.com/index.aspx?page=211.

Índice

Breckenridge, Colorado, 5, 6, 8, 9, 13

Carolina del Sur, 1
Cementerio Riverside, 12
Cheyenne, Wyoming, 7, 8

Denver, Colorado, 5, 6, 7, 8, 9, 10, 12, 13
derecho al voto, 10

Edificio Barney L. Ford (Denver), 13

Ferrocarril Subterráneo, 2, 5
Ford, Barney Lancelot
    hijos, 9
    lugar de nacimiento, 1
    madre (Phoebe), 1
    matrimonio, 3
    negocios, 4-9
Ford's Chop House, 9

Georgia, 3

Hotel Inter-Ocean, 7, 8

Lyoni, Julia, 3, 4, 5, 6, 8, 9

Nicaragua, 4

Partido Republicano, 10
People's Restaurant (Restaurante del Pueblo), 6, 7

Quincy, Illinois, 2

United States Hotel (Hotel Estados Unidos), 4

Virginia, 3

Sobre esta serie

En 2008, Colorado Humanities y el Departamento de Estudios Sociales de las Escuelas Públicas de Denver (DPS) iniciaron una asociación para ofrecer el programa Young Chautauqua de Colorado Humanities en DPS y crear una serie de biografías de personajes históricos de Colorado escritas por maestros para jóvenes lectores. Al proyecto se le llamó "Writing Biographies for Young People." Filter Press se unió al esfuerzo para publicar las biografías en 2010.

Los maestros asistieron a seminarios, aprendieron de conferenciantes y autores Chautauqua de Colorado Humanities y recorrieron tres grandes bibliotecas de Denver: La Biblioteca Hart en History Colorado, el Departamento de Historia del Oeste/Genealogía de la Biblioteca Pública de Denver y la Biblioteca Blair-Caldwell de Investigaciones Afro-americanas. La meta era escribir biografías usando las mismas aptitudes que les pedimos a los estudiantes: identificar y ubicar fuentes de información de alta calidad para la investigación, documentar esas fuentes de información y seleccionar la información apropiada contenida en las fuentes de información.

Lo que tienes ahora en tus manos es la culminación de los esfuerzos de estos maestros. Con esta colección de biografías apropiadas para los jóvenes lectores, los estudiantes podrán leer e investigar por sí solos, aprender aptitudes valiosas para la investigación, y escribir a temprana edad. Mientras leen cada una de las biografías, los estudiantes obtienen conocimientos y aprecio por los esfuerzos y adversidades superadas

por la gente de nuestro pasado, el período en el que vivieron y el porqué deben ser recordados en la historia.

El conocimiento es poder. Esperamos que este conjunto de biografías ayude a que los estudiantes de Colorado se den cuenta de la emoción que se siente al aprender historia a través de las biografías.

Se puede obtener información sobre esta serie de cualquicra de estos tres socios:

Filter Press en www.FilterPressBooks.com
Colorado Humanities en www.ColoradoHumanities.org
Escuelas Públicas de Denver en http://curriculum.dpsk12.org

Reconocimientos

Colorado Humanities y las Escuelas Públicas de Denver hacen un reconocimiento a las muchas personas y organizaciones que ha contribuido para hacer realidad la serie Grandes vidas en la Historia de Colorado. Entre ellas se encuentran:

Los maestros que aceptaron el reto de escribir las biografías

Margaret Coval, Directora Ejecutiva de Colorado Humanities

Josephine Jones, Directora de Programas de Colorado Humanities

Betty Jo Brenner, Coordinadora de Programas de Colorado Humanities

Michelle Delgado, Coordinadora de Estudios Sociales para kindergarten a 5º grado, de las Escuelas Públicas de Denver

Elma Ruiz, Coordinadora de Estudios Sociales 2005-2009, para kindergarten a 5º grado, de las Escuelas Públicas de Denver

Joel' Bradley, Coordinador de Proyectos de las Escuelas Públicas de Denver

El equipo de Servicios de Traducción e Interpretación, de la Oficina de Enlaces Multiculturales de las Escuelas Públicas de Denver

Nelson Molina, Preparador/entrenador del programa de Capacitación Profesional de ELA y Persona de Enlace Escolar de las Escuelas Públicas de Denver

John Stansfield, narrador de cuentos, escritor y líder experto del Instituto para maestros

Tom Meier, autor e historiador de los Arapaho

Celinda Reynolds Kaelin, autora y experta en la cultura Ute

National Park Service, Sitio Histórico Nacional Bent's Old Fort

Daniel Blegen, autor y experto en Bent's Fort

Biblioteca de Investigaciones Afroamericanas Blair-Caldwell

Coi Drummond-Gehrig, Departamento de Historia/ Genealogía Occidental de la Biblioteca Pública de Denver

Jennifer Vega, Biblioteca Stephen H., de History Colorado

Dr. Bruce Paton, autor y experto Zebulon Pike

Dr. Tom Noel, autor e historiador de Colorado

Susan Marie Frontczak, oradora chautauqua y capacitadora de la Juventud Chautauqua

Mary Jane Bradbury, oradora chautauqua y capacitadora de la Juventud Chautauqua

Dr. James Walsh, orador chautauqua y capacitador de la Juventud Chautauqua

Richard Marold, orador chautauqua y capacitador de la Juventud Chautauqua

Doris McCraw, autora y experta en materia de Helen Hunt Jackson

Kathy Naples, oradora chautauqua y experta en materia de Doc Susie

Tim Brenner, editor

Debra Faulkner, historiadora y archivista, Hotel Brown Palace

Kathleen Esmiol, autora y oradora del Instituto de Maestros Vivian Sheldon Epstein, autora y oradora del Instituto de Maestros

Barney Ford 25

Acknowledgments

Celinda Reynolds Kaelin, author and Ute culture expert
National Park Service, Bent's Old Fort National Historic Site
Daniel Blegen, author and Bent's Fort expert
Blair-Caldwell African American Research Library
Coi Drummond-Gehrig, Denver Public Library, Western History/Genealogy Department
Jennifer Vega, Stephen H. Hart Library, History Colorado
Dr. Bruce Paton, author and Zebulon Pike expert
Dr. Tom Noel, author and Colorado historian
Susan Marie Frontczak, Chautauqua speaker and Young Chautauqua coach
Mary Jane Bradbury, Chautauqua speaker and Young Chautauqua coach
Dr. James Walsh, Chautauqua speaker and Young Chautauqua coach
Richard Marold, Chautauqua speaker and Young Chautauqua coach
Doris McCraw, author and Helen Hunt Jackson subject expert
Kathy Naples, Chautauqua speaker and Doc Susie subject expert
Tim Brenner, editor
Debra Faulkner, historian and archivist, Brown Palace Hotel
Kathleen Esmiol, author and Teacher Institute speaker
Vivian Sheldon Epstein, author and Teacher Institute speaker

Acknowledgments

Colorado Humanities and Denver Public Schools acknowledge the many contributors to the Great Lives in Colorado History series. Among them are the following:

The teachers who accepted the challenge of writing the biographies
Margaret Coval, Executive Director, Colorado Humanities
Josephine Jones, Director of Programs, Colorado Humanities
Betty Jo Brenner, Program Coordinator, Colorado Humanities
Michelle Delgado, K–5 Social Studies Coordinator, Denver Public Schools
Elma Ruiz, K–5 Social Studies Coordinator, Denver Public Schools, 2005–2009
Joel' Bradley, Project Coordinator, Denver Public Schools
Translation and Interpretation Services Team, Multicultural Outreach Office, Denver Public Schools
Nelson Molina, ELA Professional Development Trainer/Coach and School Liaison, Denver Public Schools
John Stansfield, storyteller, writer, and Teacher Institute lead scholar
Tom Meier, author and Arapaho historian

Knowledge is power. We hope this set of biographies will help Colorado students know the excitement of learning history through biography.

Information about the series can be obtained from any of the three partners:
Filter Press at www.FilterPressBooks.com
Colorado Humanities at www.ColoradoHumanities.org
Denver Public Schools at http://curriculum.dpsk12.org

About This Series

In 2008, Colorado Humanities and Denver Public Schools' Social Studies Department began a partnership to bring Colorado Humanities' Young Chautauqua program to DPS and to create a series of biographies of Colorado historical figures written by teachers for young readers. The project was called "Writing Biographies for Young People." Filter Press joined the effort to publish the biographies in 2010.

Teachers attended workshops, learned from Colorado Humanities Chautauqua speakers and authors, and toured three major libraries in Denver: The Hart Library at History Colorado, the Western History/Genealogy Department in the Denver Public Library, and the Blair-Caldwell African American Research Library. Their goal was to write biographies using the same skills we ask of students: identify and locate high-quality sources for research, document those sources, and choose appropriate information from the resources.

What you hold in your hands now is the culmination of these teachers' efforts. With this set of age-appropriate biographies, students will be able to read and research on their own, learning valuable skills of research and writing at a young age. As they read each biography, students gain knowledge and appreciation of the struggles and hardships overcome by people from our past, the time period in which they lived, and why they should be remembered in history.

Index

Barney L. Ford Building (Denver), 13
Breckenridge, Colorado, 5, 6, 8, 9, 13

Cheyenne, Wyoming, 7, 8

Denver, Colorado, 5, 6, 7, 8, 10, 12, 13

Ford, Barney Lancelot,
  birthplace, 1
  businesses, 4-9
  children, 9
  marriage, 3
  mother (Phoebe), 1
Ford's Chop House, 9

Georgia, 1

Inter-Ocean Hotel, 6, 7, 8

Lyoni, Julia, 3, 4, 5, 6, 8, 9

Nicaragua, 4

People's Restaurant, 6

Quincy, Illinois, 1

Republican Party, 10
Riverside Cemetery, 12

South Carolina, 1

Underground Railroad, 2, 4
United States Hotel, 4

Virginia, 2
voting rights, 10

Bibliography

Beisser, Fred. *Find a Grave.* "Barney Launcelot Ford." http://www.findagrave.com/cgi-bin/fg.cgi?page=gr&GRid=8821848: November 11, 2008.

Katz, William Loren. *The Black West: A Documentary and Pictorial History of the African American Role in the Westward Expansion of the United States.* New York: Touchstone, 1996.

Labode, Madupe. "Barney Ford's Legacy Still a Presence Today." http://denver.yourhub.com/Littleton/Stories/News/Story

Parkhill, Forbes. *Mister Barney Ford: A Portrait in Bistre.* Denver: Sage Books, 1963.

National Park Service. *Aboard the Underground Railroad.* "Barney L. Ford Building." http://www.nps.gov/nr/travel/underground/co1.htm: November 11, 2008.

Town of Breckenridge. *Heritage and History.* "Barney Ford House Museum." http://www.townofbreckenridge.com/index.aspx?page=211.

Timeline

1879
The Fords moved back to Breckenridge, Colorado.

1880
Ford became the first black businessman in Breckenridge when he opened Ford's Chop House.

1882
Barney Ford built a house for his family in Breckenridge.

1890
The Ford family retired in Denver.

1902
Barney Ford died in Denver.

Timeline

1822
Barney Ford was born in Stafford Courthouse, Virginia.

1824
Barney Ford moved to South Carolina.

1848
Barney Ford escaped slavery.

1849
Barney Ford married Julia Lyoni.

1851
Barney Ford and his wife spent three years in Nicaragua.

1860
Barney Ford moved to Breckenridge, Colorado, to find gold.

1862
Barney Ford left Breckenridge. Julia joined Barney in Denver, and Barney Ford opened his first barbershop.

1863
Ford's first barbershop in downtown Denver burned down.

1865
The Civil War ended.

1868
Barney Ford opened a restaurant in Cheyenne, Wyoming.

1874
Barney Ford opened the Inter-Ocean Hotel in Denver.

1876
The Colorado constitution granted all male citizens equal voting rights.

Barney Ford 17

Nomination: being selected to run for office.

Saloon: place where men went to drink alcoholic drinks such as beer.

Underground Railroad: secret path of safe houses and churches used by slaves to escape from the South.

Glossary

Barbershop: place of business for a barber to cut hair and shave or trim beards.

Boomtown: town that suddenly grows in population.

Citizens: people who are residents of cities, towns, states, or countries.

Claim: to ask for the right or title to something.

Grand jury: group of 12 to 33 people who work together to decide if there is enough evidence to bring a case to trial.

Homestead: piece of U.S. public land that is given to a settler who has lived on and farmed the land for a few years.

Influential: having influence. Persons who are *influential* are leaders.

Locomotive: vehicle that pushes or pulls freight or passengers in railroad cars on tracks.

Questions to Think About

- How did Barney Ford escape slavery?
- What brought Barney Ford to Colorado?
- How did Barney Ford overcome business failures and eventually become rich?

Questions for Young Chautauquans

- Why am I (or should I be) remembered in history?
- What hardships did I face and how did I overcome them?
- What is my historical context (what else was going on in my time)?

Barney Ford Today

Barney Ford was a respected citizen, businessman, and a friend to many people. He achieved a lot during his life. Many called him a natural leader. His work in Colorado will not be forgotten. Today, the Barney L. Ford Building still stands on Blake Street in downtown Denver. It is privately owned, so it is not open to the public. In the far northeast area of Denver, Barney Ford has an elementary school named after him. Ford's family home in Breckenridge is still standing at 111 East Washington Street. It is now a museum. The Colorado State Capitol has a stained glass portrait of Barney Ford on display. Legislators voted to add the window because he was such an outstanding citizen. Barney Lancelot Ford made a great life for himself. He also inspired other people in Colorado's past and present to never give up and to follow their dreams.

Barney Ford died in 1902. He was 80 years old. He is remembered by many people today. He was buried in Riverside Cemetery in Denver where many **influential** pioneers and builders of Denver and Colorado are buried.

Colorado after the Civil War. Barney helped set up learning centers where anyone who wanted to learn was welcome.

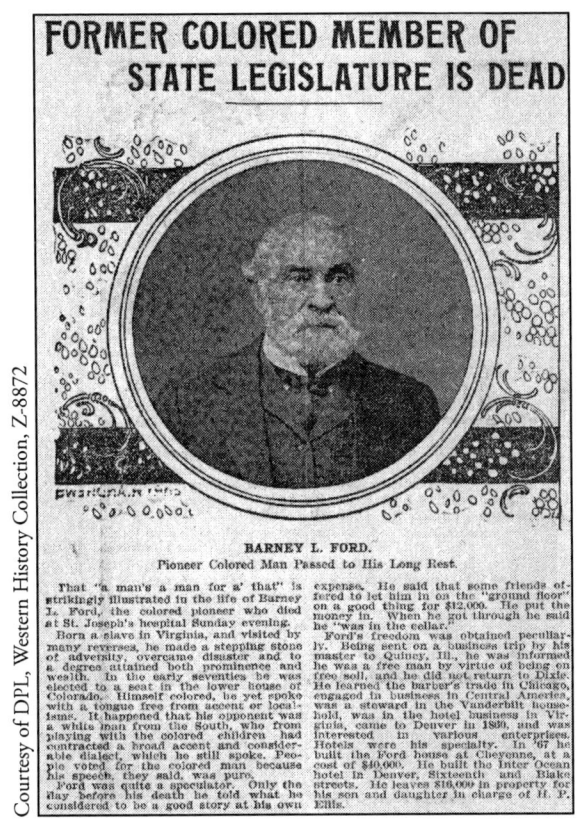

When Barney Ford died this story was printed in the Rocky Mountain News *on December 17, 1902. In spite of the headline, Barney Ford was not elected to the state legislature. Barney was the first African American to run for statewide public office in Colorado, but he lost the election.*

African-American Leader

Later in life, Barney Ford and his family moved back to Denver. They were among the wealthiest families in the state. All through his life, Barney spoke out for equal rights for African Americans. He fought for black voting rights. He believed that black men should have the right to vote. He was a strong voice for all black **citizens**. His work paid off in 1876 when Colorado's constitution gave equal voting rights for all male citizens. He was also the first African American to serve on a Colorado **grand jury.** In 1874, he had won the Republican Party **nomination** for a seat in the Territorial House of Representatives. Even though he lost the election, he was the first African American to run for public office in Colorado.

Barney Ford was self-taught and a well-educated man. He taught others to read and write, including freed slaves who came to

businesses. Once again, Barney opened a restaurant. The name of the restaurant was Ford's Chop House. It was very successful. He built a beautiful home for his family. He and Julia had three children: Louis Napoleon, Sarah Elizabeth, and Frances. Soon the Fords were the richest family in Breckenridge. Bad luck struck Barney and his wife once again, though. Their restaurant burned down. After time, they rebuilt it, but it was never the same.

Inter-Ocean, in Cheyenne. The Wyoming hotel was not successful. Barney was now in debt.

Barney never gave up even when he lost his fortune through bad luck. He moved to California and opened other restaurants.

In 1878, Barney returned to Denver. Then, in 1880, Barney and Julia moved back to Breckenridge. They wanted to expand their

The Ford house today. Barney and Julia's home in Breckenridge is now a museum that is open to the public.

The Union Pacific Railroad bypassed Denver and instead chose Cheyenne, Wyoming, as a stopping point. The railroad made Cheyenne the new **boomtown** of the West. Barney built a second hotel, also named the

Inter-Ocean Hotel, Cheyenne, Wyoming. Barney owned a successful hotel in Denver called the Inter-Ocean Hotel. He built a second hotel with the same name in Cheyenne, in 1875. The caption in the advertisement reads, "This house is new, with large and ventilated rooms, all elegantly furnished. Electric bells connecting all rooms with the office. All trains stop from thirty minutes to four hours, and everybody takes meals at the Inter-Ocean. Free Bus to all trains."

Barney Ford 7

Barney Ford built this house in Breckenridge in the early 1880s. Barney and his wife, Julia, lived in the house with their three children.

good businessman, a banker lent him money to open an even bigger business that included a barbershop, restaurant, and **saloon**. The name of the restaurant was the People's Restaurant, and it was very successful. At last, Barney Ford's dreams were coming true. Because of his success, he decided to start a hotel. Barney built the Inter-Ocean Hotel on the corner of 16th and Blake Streets. It was the nicest hotel in Denver. For many years, Julia and Barney enjoyed a happy life in Denver.

Julia and Barney Ford still wanted to find gold and become rich, so they moved to Breckenridge, Colorado, where others had moved to find gold. Barney found gold! However, because he was an African American, he could not **claim** it. Colorado Territory had a law that said black people could not file a mining claim or file a **homestead** claim. A friend who was a lawyer offered to help him get his earnings. Barney trusted his friend, but his lawyer friend turned out to be a bad friend. He cheated Barney out of his mining claim. Barney and Julia never gave up though. The Fords packed their bags again and moved from Breckenridge to Denver.

Barney found much success in Denver. In 1862, Barney opened his first business. It was a **barbershop.** Customers loved to talk with Barney, and the business grew. One year after he started the business, a fire destroyed it. However, Barney and Julia were not discouraged. Because Barney was known as a

Businessman

Barney worked hard to become successful. The gold rush had started in California. Barney and Julia wanted to strike it rich by finding gold. In 1851, they bought tickets to travel on a ship called the *Prometheus* from New York to California. They thought it was too risky to travel south into slave states in order to board a ship. The ship stopped in Greytown, Nicaragua, on the way. Barney and Julia decided to stay. The couple stayed in the tiny town of Greytown instead of going on to California. They opened a small hotel and restaurant. It was called the United States Hotel. Many people traveling up and down the coast of Central America enjoyed staying there. Barney and Julia stayed in Nicaragua for three years. People thought a war was going to start in Nicaragua. To be safe, Barney and his wife left and headed back to Chicago. While in Chicago, Barney worked to help slaves escape in the Underground Railroad.

A Free Man

Barney started his new life as a free man in Chicago, Illinois. In Chicago, Barney met Julia Lyoni. Before long, Julia and Barney were married. When Barney was born, he was not given a last name. He thought he needed a proper last name. Julia helped Barney decide on a last name. One day they saw "Lancelot Ford" written on the side of a fancy railroad **locomotive**. He liked the sound of the name, and he made it his own name: Barney Lancelot Ford.

steamboat and escaped slavery using the **Underground Railroad**. The Underground Railroad was a secret path of safe houses and churches that slaves used to escape slavery in the South. It led them to places where they could be free. Slavery was illegal in the northern part of the United States. Deciding to escape was a dangerous decision, but Barney was brave. He wanted to be free.

Childhood

Barney Ford was an African American who was born into slavery in Virginia on January 22, 1822. When he turned 15 years old, he began to work hard days in the cotton fields of South Carolina where he grew up. After working all day, he enjoyed spending time with his mother, Phoebe. His mother wanted him to learn to read and write. Even though it was illegal for slaves to learn to read and write, an older slave from another plantation taught Barney to read and write. He had many dreams for his future.

At the age of 17, Barney's entire life changed when his mother passed away. Barney was now left by himself. After his mother died, Barney was sold to a slave owner in Georgia. His owner sent him to work as a cook on steamboats that traveled the Mississippi River. At age 26, while in Quincy, Illinois, Barney Ford walked away from the

Barney Ford, businessman, in 1862. In Denver, Barney Ford owned a barbershop, a hotel, and restaurants. He was an entrepreneur.

Contents

Childhood 1
A Free Man 3
Businessman. 4
African-American Leader 10
Barney Ford Today. 13

Questions to Think About 14
Glossary. 15
Timeline. 17
Bibliography. 19
Index 20
About This Series 21
Acknowledgments 23

Great Lives in Colorado History Series

For information on upcoming titles,
contact *info@FilterPressBooks.com*.

Helen Hunt Jackson by E. E. Duncan

Little Raven by Cat DeRose

Barney Ford by Jamie Trumbull

Doc Susie by Penny Cunningham

Enos Mills by Steve Walsh

William Bent by Cheryl Beckwith

Charles Boettcher by Grace Zirkelbach

Ralph Carr by E. E. Duncan

Josephine Aspinall Roche by Martha Biery

Robert Speer by Stacy Turnbull

Chief Ouray by Steve Walsh

Zebulon Pike by Steve Walsh

Clara Brown by Suzanne Frachettiø

Barney Ford:
Pioneer Businessman
by Jamie Trumbull

Published by Filter Press, LLC, in cooperation with
Denver Public Schools and Colorado Humanities

ISBN: 978-086541-115-9
LCCN: 2010937193

Produced with the support of Colorado Humanities and the National Endowment for the Humanities. Any views, findings, conclusions, or recommendations expressed in this publication do not necessarily represent those of the National Endowment for the Humanities or Colorado Humanities.

Cover photograph courtesy History Colorado (10031421).

Copyright © 2010 Denver Public Schools and Colorado Humanities. All rights reserved.

No part of this publication may be reproduced or transmitted in any form or by any means without permission in writing from the publisher. Contact Filter Press, LLC, at 888.570.2663.

Printed in the United States of America

Barney Ford

Pioneer Businessman

by Jamie Trumbull

Filter Press, LLC
Palmer Lake, Colorado

Town of Vail Public Library
292 West Meadow Drive
Vail, CO 81657 / 970-479-2184

Barney Ford

Pioneer Businessman